RICHARD STRAUSS

Der Rosenkavalier

in Full Score

Peter Racine Miller

Santa Barbara.

February 1988

Dover Publications, Inc., New York

Dedicated to my dear relatives
the Pschorr family in Munich

Der Rosenkavalier

Comedy for music in three acts
by Hugo von Hofmannsthal

Music by Richard Strauss
Opus 59

Copyright © 1987 by Dover Publications, Inc.

This Dover edition, first published in 1987, is a republication of the original edition published by Adolph Fürstner, Berlin, in 1910. The copy of the score reproduced here is no. 36 of a limited edition. The original longer title page and lists of characters and instruments in German have been replaced by new English translations, and a new English table of contents, glossary of German musical terms and translations of footnotes have been added.

Manufactured in the United States of America
Dover Publications, Inc., 31 East 2nd Street, Mineola, N.Y. 11501

Library of Congress Cataloging-in-Publication Data

Strauss, Richard, 1864–1949.
    Der Rosenkavalier.

    Opera; libretto by Hugo von Hofmannsthal.
    Reprint. Originally published: Berlin : A. Fürstner, 1910.
    1. Operas—Scores.   I. Hofmannsthal, Hugo von, 1874–1929. lbt   II. Title.
M1500.S89R5   1987   87-751781
ISBN 0-486-25498-4

Contents

Glossary of German Musical Terms
in the Score

aber, but; *alle*, all; *allein*, alone; *allmählich*, gradually; *als*, as, than; *auf*, up; *Aufzug*, act; *ausdrucksvoll*, expressively; *äusserst, aeusserst*, extremely; *aussprechen*, pronounce; *beginnen*, begin; *beginnend*, beginning; *bei*, with; *beruhigen*, die down, lessen; *beschwingt*, quickly; *bewegt*, moving, agitated; *bewegter*, quicker; *breit*, broad; *Bühne*, stage; *Chor*, chorus; *Dämpfer*, mute; *dann*, then; *dasselbe*, the same; *derb*, coarsely; *des*, of; *deutlich*, clearly; *Doppelgriff*, double stop; *doppelt so langsam*, twice as slow; *drängend*, pressing, stringendo; *dreifach*, divided in three, divisi; *dreitaktig*, in triple meter; *durchaus*, thoroughly; *eilen*, hurry; *Einleitung*, introduction; *Erde*, floor; *ersten*, first; *Es*, E-flat; *etwas*, somewhat; *Fanfaren*, fanfares; *ferne*, distant; *fest*, firm, steady; *flageolets*, harmonics; *Flatterzunge*, flutter-tongue; *fliessender*, flowing; *folgen*, follow; *frech*, saucy, brazen; *frisch*, fresh, cheerful; *früher*, earlier; *ganze*, whole; *gedämpft*, muted; *gedehnt*, lengthened; *gefühlvoll*, full of expression; *gehend*, moving; *gelassener*, calmer; *gemächlich*, leisurely; *gemessen*, measured, moderate; *gesanglich*, singing; *gestopft*, stopped; *gesungen*, singing; *geteilt*, divided; *getragen*, stately; *gewissen*, certain; *gewöhnlich*, normal; *gravitätisch*, solemnly; *Grazie*, gracefulness; *graziös*, graceful; *gut*, quite; *Hälfte*, half; *harpegiert*, arpeggiated; *heftig*, violently; *heiter*, cheerfully; *hervortretend*, prominent; *hinter*, behind; *Holzschlägeln*, hard sticks; *I., II., III., IV.*, 1st, 2nd, 3rd, 4th; *immer*, always, steadily; *innig*, heartfelt; *jedes*, each; *kann*, can; *klein*, bit; *Köpfe*, heads; *kurz*, short; *langsam*, slowly; *laut*, loud; *lebhaft*, lively; *leicht*, lightly; *leidenschaftlich*, passionately; *leise*, softly; *marschmässig*, marching; *Marschtempo*, march tempo; *mässig*, moderate; *mit*, with; *möglich*, possible; *nicht*, not; *noch*, still, yet; *nur*, only; *offen*, open; *ohne*, without; *paar*, couple; *parodistisch*, parodistic; *plump*, heavy; *Pult*, stand, desk; *pultweise*, by stand; *rasch*, quickly; *rhythmisch*, rhythmically; *ruhig*, calm, peaceful; *Saite*, string; *Sänger*, singer; *schlagen*, beat; *Schluss*, end; *schmachtend*, yearning; *schnell*, fast; *schon*, already; *Schwammschlägeln*, soft sticks; *schwärmerisch*, effusively; *schwer*, heavily, powerfully; *seelenvoll*, soulfully; *sehr*, very; *seufzend*, sighing; *singend*, singing; *Spieler*, player; *stehenden*, standing; *Steigerung*, rise, increase; *stets*, constantly; *Streicher*, strings; *Strophe*, stanza; *stürmisch*, stormily; *süss*, sweetly; *Takt*, beat, bar; *Tür*, door; *überschwenglich*, extravagant; *übrigen*, rest, others; *viel*, much; *vierfach*, divided in four, divisi; *von hier aus*, from here on; *von jetzt ab*, from now on; *Vorhang*, curtain; *vorher*, previously; *vorigen*, previous; *Vortrag*, execution; *Walzertempo*, waltz tempo; *Wand*, wall; *weg*, off; *weich*, tenderly; *wenig*, less; *werden, werdend*, becoming; *wie*, as; *wieder*, again; *wiegend*, swaying; *Wort*, word; *zart, zärtlich*, softly; *Zeitmass*, tempo; *ziemlich*, rather, quite; *zögernd*, hesitantly; *zurückkehrend*, returning; *zusammen*, together; *zwei*, two; *zweite*, second.

Characters

The Feldmarschallin Princess Werdenberg [Marschallin]	Soprano
Baron Ochs auf Lerchenau	Bass
Octavian, called Quinquin, a young gentleman of a noble house	Mezzo-soprano
Herr von Faninal, a rich man newly ennobled	High Baritone
Sophie, his daughter	High Soprano
Miss Marianne Leitmetzerin, the Duenna	High Soprano
Valzacchi, an intriguer	Tenor
Annina, his accomplice	Alto
A Police Commissioner [Kommissarius]	Bass
The Marschallin's Major-Domo [Haushofmeister]	Tenor
Faninal's Major-Domo	Tenor
Baron Ochs's Valet, Almoner, and Footman [Die Lerchenau'schen]	[3 Basses]
A Notary [Notar]	Bass
An Innkeeper [Wirt]	Tenor
A Singer [Sänger, Tenor]	High Tenor
3 Noble Orphans [adelige Waisen]	Soprano
	Mezzo-soprano
	Alto
A Milliner [Modistin, Marchande de Modes]	Soprano
An Animal Seller [Tierhändler]	Tenor
Faninal's Servants [Faninals Dienerschaft]	Sopranos
	Altos
	Tenors
	Basses
4 Footmen of the Marschallin [Lakaien]	2 Tenors
	2 Basses
4 Waiters [Kellner]	Tenor
	3 Basses
3 Messengers [Lauffer] offstage	[3 Tenors]
4 Little Children [kleine Kinder]	[4 Child Sopranos]
Porter [Hausknecht], Coachmen [Kutscher], Musicians [Musikanten]	[Basses]
	[Tenors]

A Little Black Page [kleiner Neger], Leopold (Baron Ochs's body servant [Leiblakai]), Servants [Lakaien], A Noble Widow [adelige Mutter], A Scholar [Gelehrter], A Flutist [Flötist], A Hairdresser [Friseur] and his Assistant [Gehilfe], Servants in Hungarian garb [Haiducken], Kitchen Staff [Küchenpersonal], Baron Ochs's Other Retainers [die Lerchenau'schen], Octavian's Retinue [Livree Octavians], Various Suspicious Types [verdächtige Gestalten], A Doctor [Arzt], Guests [Gäste], 2 Guards [Wächter].

In Vienna, in the first years of the reign of Maria Theresa.

Instrumentation

16 1st Violins [Violine, Viol.][1]
16 2nd Violins
12 Violas [Bratschen, Br.]
10 Cellos [Violoncelle, Celli]
8 Basses [Contrabässe, C.B.]

3 Flutes [grosse Flöten, gr. Fl.], one alternating on
    Piccolo [kleine Flöte, kl. Fl.]
2 Oboes [Hoboen, Hob.]
English Horn [englisches Horn, engl. Horn], alternating on
    Oboe
D Clarinet [D-Clarinette, D-Clar.], alternating on
    E♭ Clarinet [Es-Clar.] and B♭ Clarinet [B-Clar.]
2 B♭ Clarinets, alternating on
    A and C Clarinets[2]
Basset Horn [Bassethorn, Basseth.], alternating on
    Bass Clarinet [Bassclarinette, Basscl.] (A, B♭)
3 Bassoons [Fagotte, Fag.], one alternating on
    Contrabassoon [Contrafagott, Contrafag.]

4 Horns [Hörner] (D♭, D, E♭, E, F, G)
3 Trumpets [Trompeten, Tromp.] (C, D, E♭, E, F, B♭)
3 Trombones [Posaunen, Pos.]
Tuba [Basstuba]

Timpani [Pauken]
Bass Drum [grosse Trommel, gr. Trommel]
Cymbals [Becken]
Triangle [Triangel]
Tambourine [Tamburin]
Glockenspiel
Large Cog Rattle [grosse Ratsche, gr. Ratsche]
Large Tenor Drum [grosse Rührtrommel]
Snare Drum [kleine Militärtrommel, kl. Trommel]
Sleighbells [Schellen]
Castanets [Castagnetten]

three players

Celesta
2 Harps [Harfen]

Stage Band, Act III

Violins I, II[3]	Oboe	Trumpet (C, B♭)
Violas	C Clarinet	Snare Drum
Cellos	2 B♭ Clarinets	[kleine Trommel]
Basses	2 Bassoons	Harmonium
2 Flutes	2 Horns (E♭, E, F)	Piano [Klavier]

---

[1]In those passages where the specified string contingent impairs the audibility of the words spoken on the stage, it is left to the conductor's judgment to reduce the number of playing stands.

[2]Where C clarinet is specified, it is absolutely forbidden to perform the part on A or B♭ clarinet.

---

[3]Strings offstage: either five very good soloists with sonorous instruments, or substantially reinforced (but not two of each).

Der Rosenkavalier

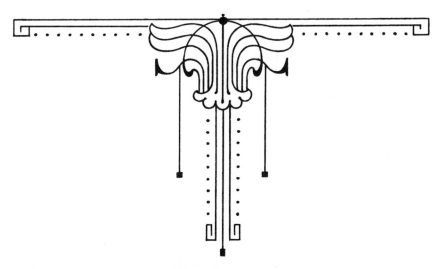

RICHARD STRAUSS

Verlag und Eigentum für alle Länder von

ADOLPH FÜRSTNER
BERLIN-PARIS

[Original shorter title page.]

First Act

5

(Das Schlafzimmer der Feldmarschallin. Links im Alkoven das große zeltförmige Himmelbett. Neben dem Bett ein dreiteiliger chinesischer Wandschirm, hinter dem Kleider liegen. Ferner ein kleines Tischchen und ein paar Sitzmöbel. Auf einem kleinen Sopha links liegt ein Degen in der Scheide. Rechts große Flügeltüren in das Vorzimmer. In der Mitte kaum sichtbar kleine Türe in die Wand eingelassen. Sonst keine Türen. Zwischen dem Alkoven und der kleinen Türe steht ein Frisiertisch und ein paar Armsessel an der Wand. Die Vorhänge des Bettes sind zurückgeschlagen. — Durch das halbgeöffnete Fenster strömt die helle Morgensonne herein. Man hört im Garten die Vöglein singen.)

(Octavian kniet auf einem Schemel vor dem Bett **13** und hält die **Feldmarschallin**, die im Bett liegt, halb umschlungen. Man sieht **14** ihr Gesicht

nicht, sondern nur ihre sehr schöne Hand und den Arm, von dem das Spitzenhemd abfällt.)

Octavian. Wie du warst!   Wie du ___ bist!   das   weiß niemand,   das ahnt

8

11

13

14

15

16

17

18

schiebt dieses nach vorne, rückt das Sopha hinzu,

verneigt sich dann tief gegen das Bett, die kleinen Arme über die Brust gekreuzt. Dann tanzt er zierlich nach rückwärts, immer das Gesicht dem Bette

19

zugewandt. An der Tür verneigt er sich nochmals

und verschwindet.)

(Die **Marschallin** tritt zwischen den Bettvorhängen hervor. Sie hat einen leichten, mit Pelz verbrämten Mantel umgeschlagen.)

Octavian (kommt zwischen der Mauer und dem Wandschirm heraus.)

Er Katzenkopf Er un - vorsichtiger!   Läßt man in einer Da - me Schlafzimmer seinen Degen herum liegen?

25

Vorzimmer. Da sitzen meine Liefe-ranten und ein halbes Dutzend Lakaien. Da!

(Octavian läuft hinüber zur kleinen Türe).

Zu spät! Sie sind schon in der Garderob'! Jetzt bleibt mir eins! Ver-steck Er sich! Dort!

(nach einer kurzen Pause der Ratlosigkeit) Ich spring' ihm in den Weg!

33

34

35

38

41

gegen den Alkoven hin geschlichen, macht sich möglichst unsichtbar beim Bett zu schaffen. Auf einen Wink der **Marschallin** haben die Lakaien ein kleines Sopha und einen Armstuhl nach vorne getragen und sind dann abgegangen.)

48

schöne Stirn ob der Mesallian-ce.   Allein,   daß ich es sa-ge, das Mädchen ist für einen Engel hübsch genug.   Kommt frisch weg aus dem Kloster.

116

Ist das einzige Kind, dem Mann gehören zwölf Häu-ser auf der Wied'n, nebst dem Pa - lais am Hof und seine Ge - sund - heit _ soll nicht die be - ste sein.

Mein lieber

51

mahlin noch zu verschaffen wissen und was die Kin-der anlangt, wenn sie denen den gold'nen Schlüssel nicht oonce-die-ren werden Va

119

119

Gewiß! O si - cher-lich, dem

be - ne! Sie werden sich mit den zwölf eisernen Schlüsseln zu den zwölf Häu - sern auf der Wied'n zu getrö - sten wissen.

56

58

62

63

Gnaden haben den No - ta - ri, dann den Verwalter, dann den Kuchelchef, dann, von Excellenz Sil - va hergeschickt, ein

(Der **Baron** hat seinen Stuhl hinter den breiten Rücken des Haushofmeisters geschoben, ergreift zärtlich die Hand der vermeintlichen Zofe.)

Sän - ger mit einem Flö - ti - sten. An - sonsten das ge - wöhnliche Ba - ga - gi.

163

Baron. Haus Dann erst schick'ich sie heim! Zur Ern - te kom-men sie und sind auch an-son-sten an - - - stellig und gut.—

164 etwas breit *(poco allarg.)* tempo primo

Baron. (schmunzelnd) Dann erst schick'ich sie heim! Und wie sich das mischt, das jun-ge, run-de böhmische Völ - kel, schwer___ und süß, ___ mit denen im

Wald, mit denen im Stall, den deut - - schen Schlag scharf und herb wie ein Retzer Wein, wie sich das mischen tut! Und ü-ber-all steht_ was und

lau - ert und schielt_durch den Gat-tern, und schleicht_ zu ei-nan - - der und liegt_ bei ei-nan-der, und ü-ber-all singt was und

74

88

94

95

98

217

99

227

Laß Er mich mit dem Tratsch in Ruh!

gif - ten den He - hemann die - se Nackt __ um drei - e Huhr!

In Gna - den! *tut - te quante Ver-*

l'istesso tempo
dasselbe Zeitmaß

(**Die 3 Waisen**, zuletzt auch die **Mutter**, haben der Marschallin die Hand geküßt.)

Ich will nix wis - sen!

Laß er mich mit dem Tratsch in

trau - li - kei - te aus die gro - ße Welt.

(**Valzacchi** mit bedauernder Verbeugung springt zurück.)

l'istesso tempo
dasselbe Zeitmaß

(Der **Flötist** ist inzwischen vorgetreten und beginnt seine *Cadenz*. Die Lakaien haben rechts ganz vorne Stellung genommen, andere stehen im Hintergrunde. Nach einer kurzen Überlegung hat der Friseur seinen Plan gefaßt, er eilt mit Entschlossenheit auf die Marschallin zu, beginnt zu frisieren. Ein Lauffer in

rosa, schwarz und silber, tritt auf, überbringt ein Billet. Haushofmeister mit Silbertablett ist schnell zur Hand, präsentiert es der Marschallin. Friseur hält

inne, sie lesen zu lassen. Gehilfe reicht ihm ein neues Eisen, **Friseur** schwenkt es: es ist zu heiß. Gehilfe reicht ihm nach fragendem Blick auf die Marschallin, die nickt, das Billet, das er lächelnd verwendet, um das **Eisen** zu kühlen.)

(Der Friseur übergibt dem Gehilfen das Eisen und applaudiert dem Sänger. Dann fährt er im Arrangement des Lockenbaues fort.)

(Ein Bedienter hat indessen bei der kleinen Tür den Kammerdiener des Barons, den Almosenier und den Jäger eingelassen. Es sind drei bedenkliche Gestalten. Der **Kammerdiener** ist ein junger großer Lümmel, der dumm und frech aussieht. Er trägt unterm Arm ein Futteral aus rotem Saffian. Der **Almosenier** ist ein verwilderter Dorfkooperator, ein drei Schuh hoher, aber stark und verwegen aussehender Gnom. Der **Leibjäger** mag, bevor er in die schlecht sitzende Livree gesteckt wurde, Mist geführt haben. Der Almosenier und der Kammerdiener scheinen sich um den Vortritt zu streiten und steigen einander auf die Füße. Sie steuern längs der linken Seite auf ihren Herrn zu, in dessen Nähe sie Halt machen.)

(singend, aber sehr zart begleiten, damit man jedes Wort des Dialogs deutlich versteht!)

Baron. Morgenga - be ganz sepa - ratim jedoch und vor der Mit-gift bin ich ver-stan-den, Herr Notar? kehrt Schloß und Herr - schaft

Baron. Gaunersdorf an mich zu-rück! Von La-sten frei und un - ge-min-dert an Pri-vi - le - gien so wie mein Va - ter se - lig sie be-

Notar. Ge - statten, hochfreiherrliche Gna-den die submisseste Be-leh - rung, daß ei-ne Morgen-gabe wohl vom Gatten an die

Baron. ses - sen hat.

112

(Nach längerer Rücksprache mit dem Haushofmeister beschäftigt sich die Marschallin mit der

114

zum Kuß. Sänger nebst Flöte ziehen sich unter tiefen Verbeugungen zurück.)

(Baron streicht dem

Baron tut, als ob nichts geschehen wäre, winkt dem Sänger leutselig zu, tritt dann zu seiner Dienerschaft;

(sieht sich in dem Handspiegel, halblaut)

Mein lieber

Leiblakei die bäuerisch in die Stirn gekämmten Haare hinaus; geht dann, als suchte er jemand, zur kleinen Tür, öffnet sie, spioniert hinaus, är-

Hippolyte   heut' haben Sie ein al-tes Weib aus mir gemacht.   schallin und verändert ihn aufs Neue. Das Gesicht der Marschallin bleibt traurig.)

(Der Friseur mit Bestürzung, wirft sich fieberhaft auf den Lockenbau der Mar-

gert sich, schnüffelt gegen's Bett, schüttelt den Kopf, kommt wieder vor.   Valzacchi und hinter ihm Annina, haben sich im Rücken

126

132

136

145

149

150

152

*) Ich stelle es dem Ermessen des Dirigenten frei, die 4 Lakaien, wenn dieselben nicht durch tüchtige Solisten zu besetzen sind, zu verdoppeln, sogar zu verdreifachen, wobei es sich vielleicht empfiehlt, dem ersten Tenor ein oder zwei Altstimmen beizugeben.

* I leave it to the conductor's judgment to double the four footmen if these roles cannot be filled by able soloists, or even to assign three singers to each part, in which case it is perhaps advisable that the first tenor be reinforced by one or two alto voices.

164

Second Act

166

(Saal bei Herrn von Faninal. Mitteltür nach dem Vorsaal.
Türen links und rechts. Rechts auch ein großes Fenster. Zu beiden Seiten der Mittelfür Stühle an der Wand. In den abgerundeten Ecken jederseits eine
kleine unsichtbare Tür.
Faninal, Sophie, Marianne Leitmetzerin, die Duenna, der Haushofmeister, Lakaien.)

168

169

172

174

(Herein tritt **Octavian**, ganz in Weiß und Silber, mit bloßem Kopf, die silberne Rose in der Hand. Hinter ihm seine Dienerschaft in seinen Farben: Weiß mit Blaßgrün. Die **Lakaien**, die **Haiducken**, mit krummen, ungarischen Säbeln an der Seite, die **Lauffer** in weißem, sämischem Leder mit grünen Straußenfedern. Dicht hinter **Octavian** ein Neger, der **Octavians** Hut und ein anderer **Lakai**, der das Saffianfutteral für die silberne Rose in beiden Händen fröhlich tragen. Dahinter die **Faninalsche Livree**. **Octavian**, die Rose in der Rechten, geht mit adeligem Anstand auf **Sophie** zu, aber sein Knabengesicht ist von einer Schüchternheit gespannt und gerötet. **Sophie** ist vor Aufregung über seine Erscheinung und die Ceremonie leichenblaß. Sie stehen einander gegenüber und machen sich wechselweise durch ihre Verl. genheit und Schönheit noch verwirrter.)

186

187

191

194

196

(Indessen hat sich die **Livree Octavians** links rückwärts rangiert. Die **Faninal**'schen Bedienten mit dem Haushofmeister rechts. Der **Lakai Octavians** übergibt das Futteral an **Marianne**. **Sophie** schüttelt ihre Versunkenheit ab und reicht die Rose der **Marianne**, die sie in's Futteral schließt. Der **Lakai** mit dem Hut tritt von rückwärts an **Octavian** heran und reicht ihm den Hut. Die **Livree Octavians** tritt ab, während gleichzeitig die **Faninal**'schen Bedienten drei Stühle in die Mitte tragen, zwei für **Octavian** und **Sophie**, einen rück- und seitwärts für die **Duenna**. Zugleich trägt der **Faninal**'sche Haushofmeister das Futteral mit der Rose durch die Türe rechts ab. Sofort treten auch die **Faninal**'schen Bedienten durch die Mitteltüre ab. **Sophie und Octavian** stehen einander gegenüber, einigermaßen zur gemeinen Welt zurückgekehrt, aber befangen.)

198

200

202

Kinds-tauf' oder Leich', so will ich, wenn es sein muß, mit Ohr-feigen ihr bewei-sen, daß ich die vor-nehmere bin, und lieber

al - les hin - nehme wie Kränkung oder Un - gebühr.

Wie

(Der Haushofmeister tritt verbindlich auf die Lerchenau'schen Leute zu und führt sie ab. Deßgleichen tritt die Faninal'sche Livree ab, bis auf zwei, welche Wein und Süßigkeiten servieren.)

221

228

230

Vet-ter, jetzt o-der künftig hin. Ist noch ein rech-ter Rühr-nicht-an. Be-tracht's als för - der-lich, je - mehr sie dé-gour-diert wird.

Ist wie bei ei-nem jun - gen, un - ge-rit-te-nen Pferd. Kommt alls dem An-ge-trau - ten letz - ter-dings zu-gut, wo-fern er sein

Punctierung:

(Baron geht nach links. Der Diener, der den Notar einließ, hat indessen die Tür links geöffnet. Faninal und der Notar schicken sich an, hinein zu gehen. Der Baron mißt Faninal mit dem Blick und bedeutet ihm, drei Schritte Distanz zu nehmen. Faninal tritt devot zurück. Der Baron nimmt den Vortritt, vergewissert sich, daß Faninal drei Schritte Abstand hat, und geht gravitätisch durch die Tür links ab. Faninal hinter ihm, dann der Notar, dann der Schreiber. Der Bediente schließt die Tür links und geht ab, läßt aber die Flügeltür nach dem Vorsaal offen. Der servierende Diener ist schon früher abgegangen. Sophie rechts, steht verwirrt und beschämt. Duenna, neben ihr, knixt nach der Tür hin, bis sie sich schließt.)

233

235

(Quer durch den Vorsaal flüchten einige von den Mägden des Hauses, denen die Lerchenau'schen Bedienten auf den Fersen sind. Der Leiblakai und der mit dem Pflaster auf der Nase jagen einem hübschen, jungen Mädchen nach und bringen sie fast an der Schwelle zum Salon bedenklich in die Enge.)

102 Ziemlich schnell. *Allegro assai.* ♩ = 100.

3 Hob.

2 A-Clar.

Basseth.

3 Fag.

4 Hörner (F).

3 Tromp. (B)

3 Pos.
Baßtuba.

gr. Trommel.

102

Octavian.

gestrigen Tage nie ge - seh'n.

(Der Faninal'sche Haushofmeister kommt verstört hereingelaufen.)

Faninals
Haus-
hofmeister.

Die

Ziemlich schnell. *Allegro assai.* ♩ = 100.

Viol. I.

Viol. II.

Br.

Celli.

C. B.

arco

103

2 gr. Fl.

kl. Fl.

3 Hob.

Es-Clar.

2 A-Clar.

3 Fag.

4 Hörner (F).

103

Faninals
Haus-
hofmeister.

Ler - che - nau'schen sind vol-ler Branntwein gesoffen und gehn aufs Ge-sin - de los, zwanzig-mal är-ger als

Viol. I.

Viol. II.

Br.

Celli u. C. B.

236

242

244

Lautlos schleichen sie langsam auf den Zehen näher.)

124

Sophie. licht,— auf das ich mich ge - richt',— sein lie - bes Ge-sicht— und seitdem weiß ich halt nichts — nichts _____ mehr von

Octavian. sicht? Sag': ist Dir nicht, daß irgend-wo in irgend ei-nem schö - nen Traum ___ das ein - mal schon so

254

258

262

264

vollzählig in der Mitteltür aufmarschiert; der **Baron** vergewissert sich dessen durch einen neuen Blick nach rückwärts.)

(Der **Baron** rückt jetzt gegen **Sophie** und **Octavian** vor, entschlossen, sich **Sophiens** und des Ausganges zu bemächtigen)

Baron. stät!____ Man ist halt, was man ist, und braucht's nicht zu be-wei-sen. Das laß' Er__ sich ge-sagt sein und geb'mir den Weg da

Octavian. (wütend) Ah, un-ter-steh' Er sich, sei-ne Be-dien-ten hi-nein - zu-mi-schen

Baron. frei. Wär'mir wahr-haf-tig leid,__ wenn meine Leut' da hin-ten....

(Die Lerchenau'schen, die schon einige Schritte vorgerückt waren, werden durch diesen Anblick einigermaßen unschlüssig und stellen ihren Vormarsch ein.)

er seinen Degen blitzschnell um sich kreisen läßt.
Der Almosenier, Valzacchi und Annina eilen auf den Baron zu, den sie stützen und auf einen der Stühle in der Mitte niederlassen.)

171 (Die Lerchenau'schen haben von Octavian abgelassen und gehen auf die ihnen zunächst stehenden Mägde hangreiflich los.)

279

(Die Duenna stürzt fort und kommt nach kurzer Zeit atemlos zurück, beladen mit Leinwand; hinter ihr zwei Mägde mit Schwamm und Wasserbecken. Sie umgeben den Baron mit eifriger Hilfeleistung.)

(Sophie ist, wie sie ihres Vaters ansichtig wird, nach rechts vorn hinüber gelaufen, steht neben Octavian, der nun seinen Degen einsteckt.)

Mein Herr und Hei - land! Daß Ihm in mein' Pa - lais das hat pas - sie - - ren müs - sen! Ge - laufen um den

Faninal.

sie - ren muß in meinem neuchen Stadt - - - pa - lais? Hätt' wohl von Eu - rer Lieb. den ei - nes an - d'ren An-stand's mich ver-

(auf Octavian zu) (mit unterdrücktem Zorn)

294

er eine Bewegung, die ihm Schmerzen verursacht)

Baron. Oh, oh! Der Satan! Oh, oh! Oh, oh! Saker-

Baron. ments verfluchter Bub! Nit trocken hinter'm Ohr und fuchtelt mit'n Spa-di.

(in immer größerer Wut)

310

313

314

wie sich so ein Lo-der   mit seinen siebzehn Jahr' die Welt i-ma-gi-niert: meint, Gott weiß, wie er mich contreve-niert,   ha

316

317

(Annina ist durch den Vorsaal hereingekommen und schleicht sich verstohlen heran, einen Brief in der Hand.)

2 gr. Fl.

2 Hob.

Es-Clar.

2 C-Clar.

Bassethorn.

2 Fag.

I. II.
4 Hörner (F)
III. IV.

Baron.

(Den zweiten Becher leerend)   (immer

Marschier' Er nur in-dessen.   Ein Federbett.   Zwei Stunden noch zu Tisch.   Werd'

Viol. I.

Viol. II.

Br.

Celli.

C. B.

236   calando   *Tempo di valse, assai comodo da prima* ♩.=48
                        Walzertempo, sehr gemächlich beginnend.

2 C-Clar.

Bassethorn.

2 Fag.

I. II.
4 Hörner (F)
III. IV.

236

Baron.
gemächlicher)   (vor sich, leise)

Zeit - lang haben.   Ohne mich,   ohne mich   je - der   Tag

Tempo di valse, assai comodo da prima ♩.=48
Walzertempo, sehr gemächlich beginnend.

Viol. I.
calando   (mit Dämpfern)

Viol. II.
(mit Dämpfern)

Br.
(mit Dämpfern)   (pizz.)

(mit Dämpfern)   (pizz.)

Celli.
(pizz.)

C. B.
I. Pult.

318

322

254

nicht ohne mit einer drohenden Gebärde hinter des **Barons** Rücken angezeigt zu haben, daß sie sich bald für seinen Geiz rächen werde.)

254

Third Act

Ein Extrazimmer in einem Gasthaus. Im Hintergrunde links ein Alkoven, darin ein Bett. Der Alkoven durch einen Vorhang verschließbar, der sich auf-
und zuziehen läßt. Mitte links ein Kamin mit Feuer darin. Darüber ein Spiegel. Vorn links Tür ins Nebenzimmer. Gegenüber dem Kamin steht ein
für zwei Personen gedeckter Tisch, auf diesem ein großer, vielarmiger Leuchter. In der Mitte rückwärts Tür auf den Korridor. Daneben rechts ein
Buffet. Rechts rückwärts ein blindes Fenster, vorn rechts ein Fenster auf die Gasse. Armleuchter mit Kerzen auf dem Buffet, auf dem Kamin, sowie
an den Wänden. Es brennt nur je eine Kerze in den Leuchtern auf dem Kamin. Das Zimmer halbdunkel.

Annina steht da, als Dame in Trauer gekleidet. **Valzacchi** richtet ihr den Schleier, zupft da und dort das Kleid zurecht, tritt zurück, mustert
sie, zieht einen Crayon aus der Tasche, untermalt ihr die Augen.

vorsichtig geöffnet, ein Kopf erscheint, verschwindet wieder,——

dann kommt eine nicht ganz unbedenklich aussehende, aber ehrbar gekleidete Alte hereingeschlüpft, öffnet lautlos die Tür und läßt respektvoll **Octavian** eintreten, in Frauenkleidern, mit einem Häubchen, wie es die Bürgermädchen tragen.)

Octavian, hinter ihm die Alte, gehen auf die beiden andern zu, werden sogleich von **Valzacchi** bemerkt, der in seiner Arbeit innehält

auf **fünf verdächtige Herren** unter Vorsichtsmaß- **(Valzacchi** bedeutet sie mit einem Wink, zu warten. Sie stehen links nahe der Tür.)
regeln von links.)

(Eine Uhr schlägt halb.)

(Dämpfer weg)

Valzacchi zieht seine Uhr, zeigt **Octavian:** es ist hohe Zeit. **Octavian** geht

eilig links ab, gefolgt von der Alten, (Valzacchi nimmt die Verdächtigen nach vorn, indem er mit jeder Geberde die Notwendigkeit höchster Vorsicht andeutet.
die als seine Begleiterin fungiert.) (Annina geht zum Spiegel (alles mit Vorsicht, je-

Die Verdächtigen folgen ihm auf den Zehen nach der Mitte. Er bedeutet ihrer einem, ihm zu folgen: lautlos, ganz lautlos. Führt ihn an die Wand rechts, öffnet lautlos ei-
des Geräusch vermeidend) arrangiert sich noch, zieht dann einen Zettel hervor, woraus sie ihre Rolle zu lernen scheint.)

ne Falltür unfern des gedeckten Tisches, läßt den Mann hinabsteigen, schließt wieder die Falltür. Dann winkt er zwei zu sich, schleicht ihnen voraus bis an die Ein-

gangstür, steckt den Kopf heraus, vergewißert sich, daß niemand zusieht, winkt die zwei zu sich, läßt sie dort hinaus, dann schließt er die Tür, führt die beiden letzten

leise an die Türe zum Nebenzimmer voran, schiebt sie hinaus. Winkt **Annina** zu sich, geht mit ihr   (Er kommt wieder herein,
leise links ab, die Tür lautlos hinter sich schließend.)

klatscht in die Hände.)   (Der eine Versteckte hebt sich mit halbem Leib aus dem Boden hervor.
Zugleich erscheinen ober dem Bett und an andern Stellen Köpfe.)

Valzacchi sieht abermals nach der Uhr, geht nach rückwärts, öffnet die Eingangstür.

50 Lebhaft. *(Vivo.)*

(Dann zieht er ein Feuerzeug hervor und beginnt eifrig die Kerzen auf dem Tisch anzuzünden.)   (Ein Kellner und ein

51 Walzer (lebhaft.) *(con anima)*   **52**

51 Walzer (lebhaft.) *(con anima)*   **52**

Kellnerjunge kommen gelaufen mit zwei Stöcken zum Kerzen anzünden. Entzünden die Lichter auf dem Kamin, auf dem Buffet, dann die zahlreichen Wandarme.

Walzer (lebhaft.) *(con anima)*

*) Die Streicher auf der Bühne entweder 5 sehr gute Solisten mit klangvollen Instrumenten, oder in reichlicher Verdoppelung (nur nicht je zwei).

* The strings offstage: either five very good soloists with sonorous instruments, or substantially reinforced (but not two of each).

Sie haben die **Tür** hinter sich offen gelassen, man hört aus dem Vorsaal (im Hintergrunde) Tanzmusik spielen.)

353

56

(Valzacchi eilt zur Mitteltür, öffnet dienstbeflissen auch den zweiten Flügel, springt unter Verneigung zur Seite.) 56 (Baron Ochs erscheint, den Arm in der Schlinge, Octavian an der Linken füh-

rend, hinter ihm der Leiblakai. **Baron** mustert den Raum.
Octavian sieht herum, läuft an den Spiegel, richtet sein Haar.)

(**Baron** bemerkt den Kellner und Kellnerjungen, die noch mehr Kerzen anzünden
wollen, winkt ihnen, sie sollten es sein lassen. In ihrem Eifer bemerken sie es nicht.)

(**Baron** ungeduldig, reißt den Kellnerjungen vom Stuhl, auf den er gestiegen

war, löscht einige ihm zunächst brennende Kerzen mit der Hand aus. **Valzacchi** zeigt dem
Baron discret den Alkoven, und durch eine Spalte des Vorhanges das Bett.)

358

360

362

sie, den Willen Seiner Gnaden wortlos zu respektieren.
Schiebt alle zur Tür hinaus.)

(zu Valzacchi)

Er ist ein bra- ver Kerl.

WennErmir

(**Baron** löscht auf's neue eine Anzahl Kerzen aus, darunter mit einiger Mühe die hoch an der

363

Baron. hier ein Martergeld. (Valzacchi unter Verneigung ab.) (Octavian ist nun fertig. Baron führt ihn zu Tisch, sie setzen sich. Der Lakai am

365

366

(Octavian nippt.) (Baron küßt Octavian die Hand.) (Octavian entzieht ihm die Hand.) (Baron winkt den Lakaien abzugehen; muß es mehrmals wiederholen, bis die La-

367

368

374

376

378

382

383

mir a bis - serl heiß. _____ (schnell entschlossen nimmt er seine Perücke ab und sucht sich einen Platz, sie abzulegen. Indem erblickt er ein

389

Gesicht, das sich wieder im Alkoven zeigt und ihn anstarrt. Das Gesicht verschwindet gleich wieder. Er sagt sich: Congestionen und verscheucht den Schrecken, muß sich aber doch die Stirne abwischen. Sieht nun wieder die Zofe, willenlos wie mit gelösten Gliedern dasitzen. Das ist stärker als alles

390

und er nähert ·sich ihr zärtlich, da meint er wieder das Gesicht Octavians ganz nahe dem seinigen zu erkennen und er fährt abermals zurück. Mariandl

rührt sich kaum. Abermals verscheucht der **Baron** sich den Schreck, zwingt Munterkeit in sein Gesicht zurück, da fällt sein Auge abermals auf einen frem-

den Kopf, welcher aus der Wand hervorstarrt. Nun ist er maßlos geängstigt, er schreit dumpf auf, ergreift die Tischglocke und schwingt sie wie rasend)

394

geht dann dicht auf die Kellner, den Wirt, zuletzt auf Annina zu, mustert sie ganz scharf, um sich über ihre Realität klar zu werden.)

398

400

402

140

(Kommissarius mit zwei Wäch-

4 Kinder. pa,— Pa - pa!

Wirt. Daß muß mein Haus er - le - ben!

Baron. Po - li - zei,— Po - li - zei!

406

408

411

413

414

430

434

436

gleichfalls hinzu. Sie nehmen ihn auf und tragen ihn ins Nebenzimmer. Mehrere Kellner, den Weg weisend, die Tür öffnend, voran.)

(Mit dieser Veränderung gewinnt er seine Haltung so ziemlich wieder, begnügt sich aber, **Annina** und den Kindern,

(III. Hoboe muta in Engl. Horn.)

deren Gegenwart ihm trotz allem nicht geheuer ist, den Rücken zu
[kehren.] (Hinter Herrn von **Fani-**

194

nal und seiner Begleitung hat sich die Türe links geschlossen.)

(Wirt und Kellner kom-

men bald darauf leise wieder heraus, holen Medikamente, Karaffen mit Wasser und anderes, das in die Tür getragen und von **Sophie** in der Türspal-

440

441

446

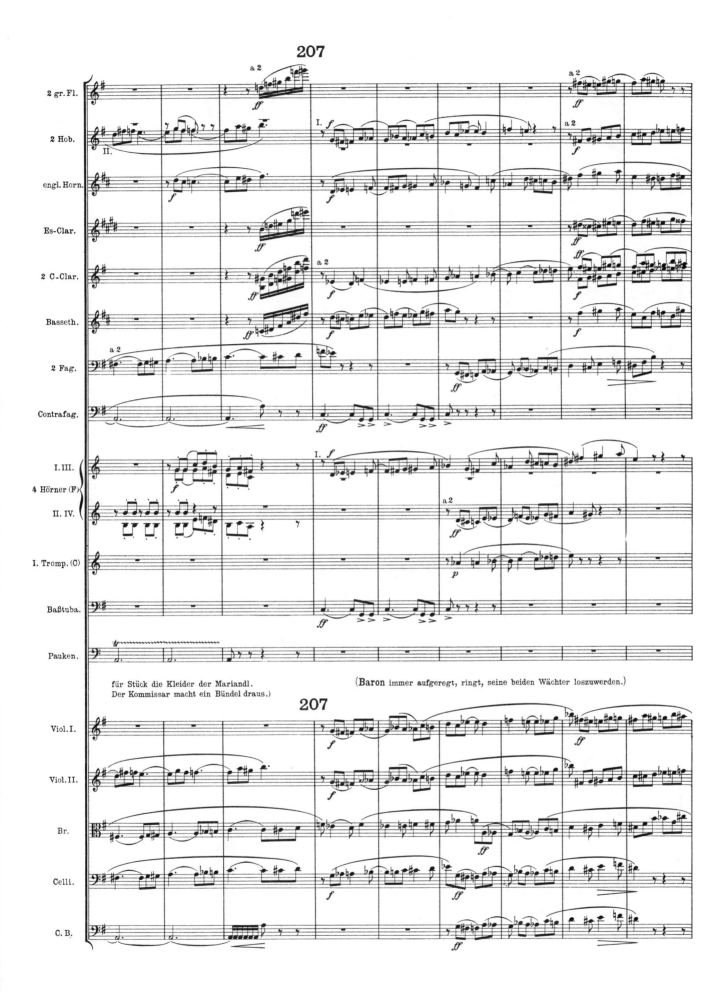

207

für Stück die Kleider der Mariandl.
Der Kommissar macht ein Bündel draus.)

(Baron immer aufgeregt, ringt, seine beiden Wächter loszuwerden.)

207

447

451

458

466

241

242

467

Mann aus der Falltür hervor. Von links tritt Valzacchi ein, die Verdächtigen in bescheidener Haltung hinter ihm. Annina nimmt Witwenhaube und Schleier ab, wischt sich die Schminke weg und zeigt ihr gewöhnliches Gesicht. Das alles zu immer gesteigertem Staunen des Barons.)
245
I. gr. Fl.
2 C-Clar.
Bassethorn.
2 Fag.
Contrafag.
(mit Dämpfern)
I. II.
4 Hörner (F)
III. IV.
große Rührtrommel.
(mit Dämpfern)
Viol. I.
(alle) (geteilt)
Br.
Celli.
C.B.
(Der Wirt, eine lange Rechnung in der Hand, —
— tritt zur Mitteltür herein, hinter ihm Kellner, Musikanten, Hausknechte, Kutscher.)
2 gr. Fl.
2 C-Clar.
Bassethorn.
2 Fag.
Contrafag.
I. II.
4 Hörner (F) (mit Dämpfern)
III. IV.
große Rührtrommel.
Viol. I.
(geteilt)
Viol. II.
(mit Dämpfern)
Br.
Celli.
C.B.

470

474

476

479

480

(Alle sind schon in der Tür, dem Lakai wird der Armleuchter ent-
wunden.)

(Baron stürzt ab, alle stürmen ihm nach, der Lärm verhallt. Die zwei Faninalschen

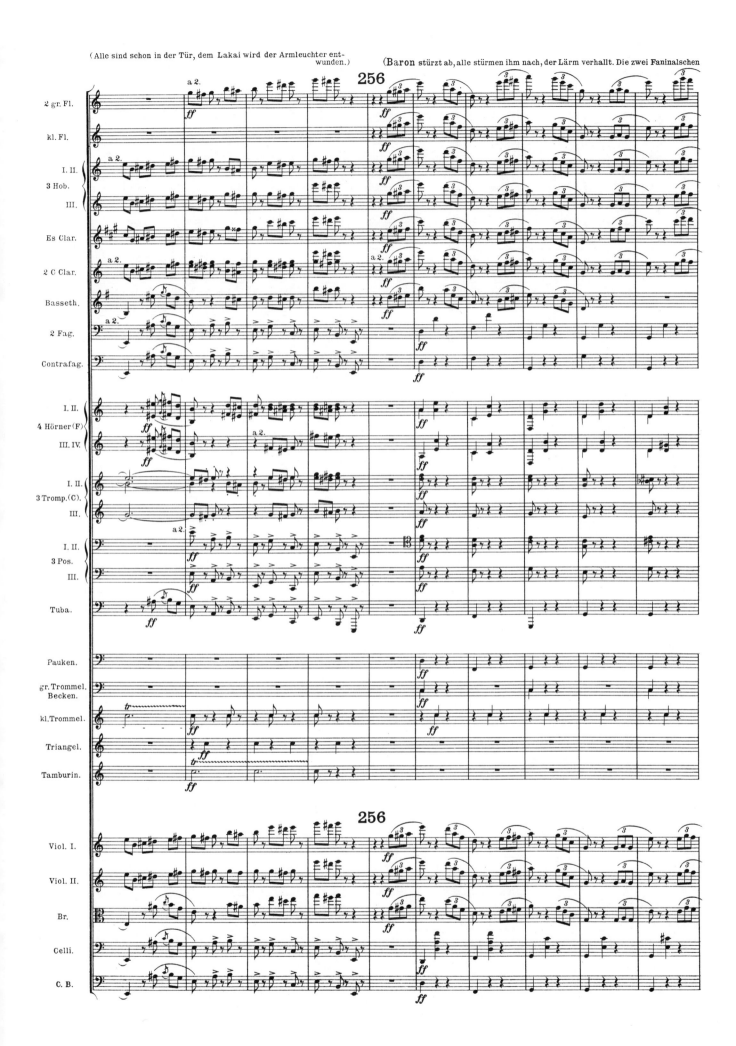

489

497

294

Marschallin.

In Got-tes Namen.

294 (sie geht leise links hinein,
die beiden bemerken es garnicht.)

(**Octavian** ist dicht an **Sophie** herangetreten. Einen Augenblick später liegt sie in seinen Armen.)

505

508

509

kleine Neger, geöffnet wurde. Draußen hell, herinnen halbdunkel, da die beiden Diener mit den Leuchtern der Marschallin voraustreten.)

515

(Sie sinkt an ihn hin)

(Er küßt sie schnell. Ihr fällt, ohne daß sie es merkt, ihr Taschentuch aus der Hand.
Dann laufen sie schnell,— Hand in Hand hinaus.)